अल्फ़ाज़ मेरे
ज़िन्दगी अल्फ़ाज़ों में....

आदर्श कुमार

Copyright © Adarsh Kumar
All Rights Reserved.

ISBN 978-1-63920-707-7

This book has been published with all efforts taken to make the material error-free after the consent of the author. However, the author and the publisher do not assume and hereby disclaim any liability to any party for any loss, damage, or disruption caused by errors or omissions, whether such errors or omissions result from negligence, accident, or any other cause.

While every effort has been made to avoid any mistake or omission, this publication is being sold on the condition and understanding that neither the author nor the publishers or printers would be liable in any manner to any person by reason of any mistake or omission in this publication or for any action taken or omitted to be taken or advice rendered or accepted on the basis of this work. For any defect in printing or binding the publishers will be liable only to replace the defective copy by another copy of this work then available.

क्रम-सूची

1. रातें शहर की. — 1
2. ज़िन्दगी और मैं. — 2
3. प्यारी खामोशी. — 3
4. एक एहसास. — 4
5. इश्क़. — 5
6. इश्क़ की दास्तां. — 6
7. अल्फ़ाज़. — 7
8. एकतरफा इश्क़. — 8
9. सफ़र ज़िन्दगी का...! — 9
10. नई राह. — 10
11. तुम , यादें और ज़िन्दगी. — 11
12. ज़िन्दगी और ख़्वाब. — 12
13. मुसव्विर . — 13
14. तालाश. — 14
15. दिल. — 15
16. यकीन. — 16
17. ज़िन्दगी. — 17
18. शहर ख्वाबों का. — 18
19. मै और तुम. — 19
20. वक़्त का तकाज़ा. — 20
21. मुझको छुके! — 21
22. अल्फ़ाज़-ए-इश्क़. — 22

क्रम-सूची

23. समंदर	23
24. शाम	24
25. ज़रूरी है क्या ?	25
26. कुछ ख़ूबसूरत रचनाएँ	26
मैं एक लम्हा हूँ	53

1. रातें शहर की.

हर रोज रातों से लड़कर मैंने
एक खूबसूरत सुबह पाया है,
कुछ इसी तरह मैंने अपने ज़िन्दगी में
कई मुस्किलों को आजमाया है..!
ज़िन्दगी ने कई बार मेरे ख्वाबों से रुख़ मोड़ा है
हर बार मैंने अपनी मेहनत से उसका गुरूर तोड़ा है..!
ख़ैर
ये शहर तो घर है अजनबियों का
ये शहर तो घर है अजनबियों का,
यहां किसने किसको अपनाया है?
बस इसी तरह मुझे भी ज़िन्दगी जीना आया है..!
आदर्श कुमार

2. ज़िन्दगी और मैं.

काग़ज़ की कश्ती जैसी ज़िन्दगी का भरोसा क्या करना
अरे यार ,गलती तो तुम्हारी है
ये सज़ा सब को आखिर क्यों भरना....!
शहर की शाम जैसी ज़िन्दगी हो गर,
आने वाली सुबह पर भरोसा क्यों करना.!
समंदर जैसे तो तुम ख़्वाब देखते हो,
कश्ती टूट जाएगी
ऐसे ख़्याल क्यों रखना..?
काग़ज़ की कश्ती जैसी ज़िन्दगी का भरोसा क्या करना.......!

आदर्श कुमार

3. प्यारी खामोशी.

वो अपने अंदर इतना कुछ छुपाए रखते हैं
जब भी दोस्तों से मिला करते हैं.
ग़म को किनारा कर चेहरे पे
बस मुस्कान बनाए रखते हैं,
अरे देखो ना यार इन्हें
ये कितना कुछ छुपाए रखते हैं.
लोगों में खुशियां बांट
अपने आंखों में सिर्फ आंसू सजाए रखते हैं
अरे देखो ना यार वो अपने अंदर कितना कुछ छुपाए रखते
हैं,
अपनों से कोई उम्मीद नहीं है उन्हें
बस
अपने ज़िन्दगी की कहानियां
अजनबी बन लोगों को बताया करते हैं,
देखो ना यार वो अपने अपनों से भी कितना कुछ छुपाए
रखते हैं
आदर्श कुमार

4. एक एहसास.

यूं दूर चले जाओगे,
बिना कुछ कहे चले जाओगे!
ऐसे बिना कुछ कहे चले जाओगे,
जान ले जाओगे।
मुझे पता नहीं कौनसी मुलाकात आख़िरी होगी,
हाँ पर जब भी होगी तुम भूल नहीं पाओगे!
क्या खूब मैंने तुम्हे चाहा था,
क्या तुम इसे अपनी नज़रों से देख पाओगे?!
यूं भी अगर ना देख पाए तुम तो,
एक अधूरी इश्क़ की दास्तां लिख जाओगे..!
क्या तुम फ़िर कभी खुद को माफ़ कर पाओगे....!
आदर्श कुमार

5. इश्क़.

इन तन्हा रातों से
गुजर गए ना तुम,
उसकी यादों के साए से
उभर गए ना तुम,
मैंने सुना है के
जिन रास्तों में हम साथ चला करते थे
उन रास्तों से अकेले गुजर गए ना तुम..!
तुमने कसम खाई थी कभी ना बदलने की
और हमेशा अपने यादों में साथ रखने की...
खैर जाने दो इन बातों को
बदल गए ना तुम..!
आदर्श कुमार

6. इश्क़ की दास्तां.

अभी तो आए हो,
यूंही चले जाओगे।
अभी तो मैं रूठा हूं,
बताओ मुझे कब मनाओगे।
एक शाम बिताओ इन सितारों के बीच,
यकीन मानो भूल ना पाओगे।
अभी अभी तो तुमने इकरार किया है तुमने,
बताओ इजहार कब करोगे।
शायद, अभी तो मुझे इश्क़ हुआ है
बताओ तुम्हे कब होगा।

आदर्श कुमार

7. अल्फ़ाज़.

चंद जज्बातों में मत फसो
ये दुनिया उससे कहीं ज्यादा बड़ी है।
यूं तो मुमकिन होगा चांद पर जाना,
पर एक चांद ऐसा भी था जहां मै चाह कर भी ना जा
ख्वाहिशें तो बहुत कम ही थी मगर
उसे पूरा करने वाला भी तो कोई चाहिए|
शाहब थोड़ा अजीब है ये लम्हा,हां पर
है जाना पहचाना सा ही इश्क़ का दौर है।
यहां कमजोर दिल वालो के लिए कोई जगह नहीं।
हां माना, बेशक दिल टूटते है इश्क़ में
अगर जुड़ जाते है तो बेहतरीन लम्हों का शाया लेकर
आता है।
आदर्श कुमार

8. एकतरफा इश्क़.

मुझे पता है ज़िन्दगी का क्या होगा,
इस एकतरफा इश्क़ में।
फिर भी बिना इसकी परवाह किए इश्क़ किए जा रहा
में,इस ज़िन्दगी को जिए जा रहा मै।
तुझे देखकर यूं आखें हो जाती है नीचे,
फिर भी एक कोने से छुपके तुझे देखे जा रहा हूं मै।
कल पता नहीं हम रहे या ना रहे,
फिर भी तेरी यादें लिए जा रहा हूं मैं।
तेरे रहने से क्या बदल जाता,
फिर तेरे बगैर क्यूंये गम के आंसूपिए जा रहा
मैं।
अंज़ाम जान कर ही इश्क़ किया मैंने,
दिल थाम कर यूं तुझे जिए जा रहा हूं मैं।
आदर्श कुमार

9. सफ़र ज़िन्दगी का...!

ये सफ़र मौत का ही तो है
किसने कहा ज़िन्दगी का है,
आसान ही तो है
किसने कहा मुश्किल है,
ज़रा गुमनाम हो कर तो देखिए,
ज़रा लोगो को भूला कर तो देखिए,
ज़रा उन्हें भूल जाने की वजहू देकर तो देखिए,
लोग मान लेंगे आप हो ही नहीं जैसे।
शायद थोड़े वक़्त बाद आपको भूला भी दे।

आदर्श कुमार

10. नई राह.

एक नई सी राह पर
ज़िन्दगी सवार कर,
हैं उठे कदम जो ये
रुक सके ना आह तक..!
चल चलो की चल चलो
कदम कभी रुके नहीं
ज़िन्दगी जो बदल गई
आखिरी ये शाम तक..!
ढल रही है शाम थी
थी, उसे खबर कहा
रौशनी की आश में
ज़िन्दगी ठहर गई।
ज़िन्दगी की शाम तक..!

आर्दश कुमार

11. तुम , यादें और ज़िन्दगी.

बस तुम हमेशा मेरे रेहने की बात करते हो
क्या तुमभी मुझसे इश्क़ बेशुमार करते हो
देखा है मैंने कईयों को गैर का होता
क्या तुम भी वक़्त बदलने पर ऐसे सवाल करते हो..!
यादें तो हर कोई दे जाता है
बस यूं यादों में जीना नहीं चाहता,
अरे,तुम यादों में नहीं
हक़ीक़त में जीने की बात करते हो
हां शायद ये सच है

की तुम मुझसे इश्क़ बेशुमार करते हो....!

आदर्श कुमार

12. ज़िन्दगी और ख़्वाब.

मेरे ख्वाबों पर हक तुम्हारा है
मेरी जान ,
के ये जान तुम्हारा है..!
घर से निकलो
के मंज़िल के तरफ आगे बढ़ना है
रास्ते में आने वाली हर मुश्किलों का हल
बस एक प्यारा सा मुस्कान तुम्हारा है..!
वक़्त के साथ नजर से ओझल होते गए तुम
के तुम अब भी मौजूद हो पहलू में
बस ये एक छोटा सा सवाल हमारा है..!
आदर्श कुमार

13. मुसव्विर .

ख्वाबों के लिए क्या रोना है
अरे, जो होना है वो तो होना है,
मुसव्विर ने
यूं जो इन कोरे कागज़ों में चांद की चांदनी बिखेरी है
ऐसा लगता है ये चांद इनके हाथ का इक खिलौना है..!

गुफ्तगू कभी खुद से भी किया कीजिए जनाब
ख़ैर ,
जो होना है वो तो होना है..!

मुसव्विर:Artist
आदर्श कुमार

14. तालाश.

बेहतर की तालाश में जाना बेहतरीन खोया है तुमने...
किसी अजनबी की तलाश में
एक अपने को खोया है तुमने.
कुछ अनजान राहें ज़रूर थीं
पर जो राह तुम जानते थे उसपे चल तो सकते थे!
आदर्श कुमार

15. दिल.

अपनी दिल की बातों को
जुबां पर आने दो
अपनी दिल की बातों को
जुबां पे आने दो,
तुम उससे कितना मोहब्बत
करते हो
अ पने अल्फाजों को उससे
बस इतना बताने दो !
आदर्श कुमार

16. यकीन.

मेरा एक जुनून था तुझमें
जो शायद अब ना रहा,
मेरा एक यकीन था तुझमें
जो शायद अब ना रहा,
मेरा एक भरोसा था तुझमें
जो शायद अब ना रहा,
मेरा एक ख्वाब जो कि तुम ही थे
जो शायद अब ना रहा,
मेरा एक नया शहर दिखता था तुझमें
जो शायद अब ना रहा,
लगता है तुम हो ही नहीं
तो यकीन यकीन का क्या हो या ना हो।

आदर्श कुमार

17. ज़िन्दगी.

एक अनकही पहेली है
ये ज़िन्दगी,
एक गुज़ारिश कि तकल्लुफ का सहारा है
ये जिन्दगी,
एक मासूम सवाल से बना उलझा हुआ जवाब है
ये ज़िन्दगी,
कहने को एक गुमनाम किस्सा
लिखने को एक खूबसूरत ग़ज़ल,
है ये ज़िन्दगी,
किसी की खामोशी की वजह से एक
उलझा हुआ ख्वाब है ये ज़िन्दगी।
आदर्श कुमार

18. शहर ख्वाबों का.

इस गुमनाम शहर कि
अंधेरी रातों से वाक़िफ हूं
हां, मैं तुम्हारे इश्क़ की सभी रिवायतों
से वाक़िफ हूं,
एक बार कहीं अगर आओगे
मेरे शहर के तलाश में
ज़रा संभल कर आना,
यहां टूटे हुए लोग है
कहीं तुम भी सफ़र में टूट मत जाना..!
आदर्श कुमार

19. मै और तुम.

एक कहानी
जो तुझे है बतानी,
एक अधूरी सी ज़िन्दगी है
जो तेरे संग है बितानी,
एक ख़्वाब है..
जो कि तुम्हारे साथ देखा है,
वो पूरा भी तुम्हारे होने से ही है।
एक जज़्बात है..
जो तुमसे ही है,
एक मंजिल है मेरी,
जो कि तुम हो।
आदर्श कुमार

20. वक़्त का तकाज़ा.

ये वक़्त ज़रा सा बदला है
मैं नहीं।
मेरे हालात बदले हैं
मैं नहीं।
शायद,ये दुनिया भी बदल सी गई है,
पर मैं नहीं।
तो एक तारीख़ बदल जाने भर से,
तुम कैसे बदल सकते हो।
आदर्श कुमार

21. मुझको छुके!

मुझको छूके पिघल रहे हो तुम
मेरे हमराह जल रहे हो तुम।
चाँदनी छन्न रही है बादल से
जैसे कपड़े बदल रहे हो तुम।
पायलें बज रही हैं रह रह कर,
ये हवा है कि चल रहे हो तुम।
नींद भी टूटने से डरती है,
मेरे ख़्वाबों में ढल रहे हो तुम।
आदर्श कुमार

22. अल्फ़ाज़-ए-इश्क़.

ये खाली दिल लेकर कहां जाओगे,
जहां जाओगे खुद को गुमनाम ही पाओगे ।
ये जहां बहोत खूबसूरत है,
फिर इसे अपनी नज़रों से किसे दिखाओगे।
मानता हूं अजनबियों से भरा है ये दिल का शहर,
तो यहां तुम अपना किसे बनाओगे।
आदर्श कुमार

23. समंदर

अब तेरे इतने जो करीब आ गए हैं,
खुद से जो इतने दूर आ गए हैं,
वापस आने का कोई सहारा ना रहा,
तुम समंदर थे
ये तो हमें अब पता चला है
अब दूर कोई किनारा भी ना रहा..!

आदर्श कुमार

24. शाम

शहर की अँधेरी गलियों में
ज़िन्दगी बे - चराग़ है कहीं ,
शाम उस शख़्स के इंतज़ार में
शायद उदास है कहीं ,
मैंने खोया है उसे अपने ख़्वाब के हाथों
वो भी उलझा है अपने ख्वाबों में कहीं ,
आज मेरा लिखा बहोत अज़ीज लग रहा उसे
डूबा है शायद शाकि के पैमाने में कहीं ,
रकीब के साथ भी वो
रहता है तन्हा -तन्हा कहीं ,
जो करीब थे कल
आज खोये -खोये रहते हैं ,
ज़िन्दगी तो उनकी भी
बेजार है कहीं ,
के
शहर की अँधेरी गलियों में
ज़िन्दगी बे - चराग है कहीं।
आदर्श कुमार

25. ज़रूरी है क्या ?

खुद को आबाद करने के लिए
दूसरों को बर्बाद कर देना ज़रूरी है क्या ?
किसी को जान बनाकर
उसे बेजान छोर जाना जरूरी है क्या ?
हाँ मानता हूँ ये मुश्किल है थोड़ा
फिर
किसी की याद में खुद को भूल जाना जरूरी है क्या ?
आदर्श कुमार

26. कुछ ख़ूबसूरत रचनाएँ

राज़

कुछ राज तुम लोगो से यूँ भी छुपा लेना
वो तुम्हे ग़लत समझे
और तुम
ज़रा सा मुस्कुरा देना।।।।।।
आदर्श कुमार

ज़िन्दगी

अपने ख्वाबों से नजदीकियां बढ़ाया कीजिए
हर हर्फ हर दफा एक नई उम्मीद जगाया कीजिए,
जागते रातों को यूहीं खर्च होने दोगे क्या
हर लम्हा अपने टूटे हिस्सों पर मरहम लगाया कीजिए..!
आदर्श कुमार

जाने किस ओर जा रहे है हम
हम बस चले जा रहे हैं
ये सफ़र है ज़िन्दगी का
जीना है , बस जिए जा रहे है हम।
आदर्श कुमार

आदर्श कुमार

❧❧❧

आज फ़िर तुम्हारे शहर से गुजरते हुए
तुम्हारे यादों से गुज़र आया हूं
खैर मैं अब
किसी अजनबी के दिल में घर कर आया हूं..!
आर्दश कुमार

❧❧❧

सुनो,
दिल के अरमान बनते जा रहे हो तुम
के , हमारे जान बनते जा रहे हो तुम ,
ये ज़िन्दगी कई मुश्किलों से भरी हुई है
उन सभी मुश्किलों के समाधान बनते जा रहे हो तुम..!
ख़ैर हमारे जान बनते जा रहे हो तुम।
आदर्श कुमार

❧❧❧

ख्याल
मेरे ख्वाबों के हकीकत हो तुम
मेरे कीमती लम्हों के जरूरत हो तुम ,
कई मायने है तुम्हारी नाराजगी के
खैर ,
जरूरी ये है के मेरी जरुरत हो तुम।

आदर्श कुमार

इत्तेफ़ाक़

चलो बातें करते है,
कुछ तुम्हारे ख्वाबों की,
कुछ मेरे ख्वाहिशों की,
कुछ हमारे ज़ज्बातों की
चलो कुछ बात करते है
फिर से एक मुलाक़ात करते है......!
आदर्श कुमार

एक एहसास
एक कहानी
एक अधूरी ज़िन्दगी...
लिखने को जज़्बात कहने को शायरी..
जी जनाब में शायर हूं।
आदर्श कुमार

रात बाकी है अभी वो
बात भी बाकी है...
होने को एक खूबसूरत

आदर्श कुमार

मुलाकात भी बाकी है..!
आदर्श कुमार

~·~·~

शायद!
जो शमा कल था
आज ना रहे,
ऐसे ही चलती है ये बेरंग दुनिया
लोग बदलेंगे,अपने ख्वाब मत बदलने देना
आदर्श कुमार

~·~·~

चलो एक काम किया
जाए...
ये जो दो चार दिन की
ज़िन्दगी बची है,
इसे तुम्हारे नाम किया
जाए !

आदर्श कुमार

~·~·~

गर ना लिखते हम तो कब के खाक हो गए होते
दिल के साथ रूह मे भी सुराख हो गए होते...!

अल्फ़ाज़ मेरे

आदर्श कुमार

❦❦❦

के मेरे हो तुम
मेरे ही रहना
बात दिल में जो भी हो
बेशक कहना।।।।
आदर्श कुमार

❦❦❦

तुमने कहा की हमसफ़र बनना है तुम्हे
अरे साथ चलना तो सीख लो पहले।
आदर्श कुमार

❦❦❦

ख्वाब अपने बुनते गए हम
नजदीकियां अपने सपनों से चुनते गए हम ,
ज़िन्दगी जब थोड़ी मुस्किल नज़र आयी
बस अपने ख्वाब की सुनते गए हम.
आदर्श कुमार

❦❦❦

ये बेचैनियां कई कहानियां बयान करती हैं

आदर्श कुमार

मेरे ख्वाबों से मंज़िल तक के सफर का हकीकत
बयां करती हैं
की
ये बेचैनियां कई कहानियां बयां करती हैं।
आदर्श कुमार

❦❦❦

एक अज़नबी शोर का हिस्सा हो तुम
खैर
एक बहोत ही खूबशूरत किस्सा हो तुम।
आदर्श कुमार

❦❦❦

कई ख्वाब आँखों में समेटे
निकल पड़ा है दिल एक अज़नबी सफर पर
यादों के पिटारे में समेटें कई हसीं लम्हें ,
कई कहानियां जो मेरे ख्याल बयां करती हैं !
मुश्किलों को गले लगाए चलता रहा मैं ,
राहों को आशियाँ बनाये चलता रहा मैं !
आदर्श कुमार

❦❦❦

सफ़र अल्फाज़ों की बहोत खूबशूरत रही है
बात ये जो दिल कह नहीं पायी

वो सब मेरे अल्फाज़ों ने कही हैं
के सफर अल्फाज़ों की बहोत खूबशूरत रही है। .
आदर्श कुमार

मुझको वो मुझसे ही पराया करता गया
बात तो वफ़ा की हुई थी
खैर
वो मुझसे बेवफाई करता गया।
की मुझको वो मुझसे ही पराया करता गया।
आदर्श कुमार

किसी और के होने जा रहे हो,
ख़ैर
खुद के तो हो जाओ पहले
आदर्श कुमार

वो हमारे खूबशूरत पलों में सुमार रह जाते हैं
प्यार तो कभी साथ रहता नहीं
बस यार रह जाते हैं।
आदर्श कुमार

आदर्श कुमार

ख्वाब लिए फिरता रहा वो शहर शहर
ज़िन्दगी उसको कुछ मुश्किल नज़र आयी हर पहर
रौशनी ख्वाब थी
शहर अँधेरा ,
बात जब सजदे की आयी
ऐतबार थोड़ी मुश्किल नज़र आयी उस पहर।
आदर्श कुमार

❦❦❦

तुम्हारे लब जैसे शाकि का पिलाया जाम हो जाए
हमारे इश्क़ का कुछ ऐसा खूबशूरत अंजाम हो जाए।
आदर्श कुमार

❦❦❦

ऐसे राज छुपाया मत करो
ज़हन में जो भी हो वो सब बताया करो।
आदर्श कुमार

❦❦❦

इन बंदिशों हक़दार हो तुम
हाँ ये सच है , के मेरा प्यार हो तुम।
आदर्श कुमार

अल्फ़ाज़ मेरे

❦❦

मुझमे रात - दिन ऐसे खो जाओ तुम
की तुम्हे खुद को ही ढूंढने में एक अर्षा गुज़र जाए।
आदर्श कुमार

❦❦

जब ये चाँद इतना खूबशूरत है
तो इन हज़ार तारों का क्या होगा
तुम्हारे दीवाने क्या खूब होंगे
तो मुझे जैसे अवारों का क्या होगा।
आदर्श कुमार

❦❦

ख़्वाब आसमां
हकीकत जमीं है
यादें ही है बस अब
बस उसकी कमी है..!
आदर्श कुमार

❦❦

सुनो,
मैं लिखता हूं इश्क़ और मेरी डायरी हो तुम,

आदर्श कुमार

उस डायरी की मेरी सबसे ख़ूबसूरत शायरी हो तुम...!
आदर्श कुमार

☙☙☙

ये राहें अनजान हैं,
फ़िर भी
किसी अजनबी की नज़रों में बदनाम है,
उस इश्क़ का क्या जो की होता सरेआम है..!
आदर्श कुमार

☙☙☙

बात कुछ यूं है के
किसी अजनबी के तुम इतने करीब मत जाओ,
के तुम खुद को भूल जाओ...!
आदर्श कुमार

☙☙☙

चोट दिल पे लगी ज़ुबां ख़ामोश रहा
जो बात दिल्लगी पे आयी कलम ने कहर ढा दिया...!
आदर्श कुमार

☙☙☙

वो नाराज़ है, शायद खफ़ा है
ये लोग ना जाने क्यूं कहते है वो बेवफ़ा है..!
आदर्श कुमार

खामोश नज़रें बाता रहीं है
दिल में तेरे कोई और ही है
कसम खुदा की महफूज़ करलो
ये जन्नत जो नज़रों से सजा रही है..!
आदर्श कुमार

जब - जब उसका दीदार हो जाता है
ना चाहते हुए भी उससे ,फ़िर से अपने इश्क़ का इज़हार हो जाता है..!
आदर्श कुमार

माना कि दिल अभी डरा हुआ है
एक अनकहे खामोशी से भरा हुआ है,
ख्वाहिशों से भरी ज़िन्दगी के कई मायने है
यहां ख़्वाब देखना सज़ा है
गर
पूरा ना के सको

आदर्श कुमार

ये किस्मत - ए- दिल की रजा है..!
आदर्श कुमार

हर रोज़ कुछ लिख कर
कुछ मिटा दिया करते हैं,
ज़िन्दगी से गीला क्या करें
बस खुद को भुला दिया करते हैं...!
आदर्श कुमार

की ,
अपने ख्वाबों में रेत के महल बनाता है वो शख़्स
बस एक चेहरा ख्वाब सा देख बिखर जाता है वो शख़्स...!

आदर्श कुमार

रंग और नूर से रंगीन कायनात सारी है,
पर मेरी ज़िंदगी का रंग तो मुस्कान तुम्हारी हैं....!
आदर्श कुमार

ख्वाब ये कि तुम मेरे हो..
हकीकत ये कि ख्वाब ही तो है ..!
आदर्श कुमार

मेरे इन हसीन ख्वाबों पर मेरा इख्तियार रहने दो
हां मुझे तुमसे प्यार है
तो बस प्यार ही रहने दो..!

आदर्श कुमार

गुमनाम अँधेरे मे एक आवाज़ लिखता हूँ,
हाँ ! तुम्हारी यादों मे अल्फाज़ लिखता हूँ ..!
आदर्श कुमार

वो शख़्स अब फिर से मुस्कुराने लगा है..
ऐसा लगता है
वो किसी और को चाहने लगा है....!

आदर्श कुमार

आदर्श कुमार

समन्दर के सफ़र में इस तरह आवाज़ दो हमको
हवाएँ तेज़ हों और कश्तियों में शाम हो जाए
मुझे मालूम है उसका ठिकाना फिर कहाँ होगा
परिंदा आसमाँ छूने में जब नाकाम हो जाए
उजाले अपनी यादों के हमारे साथ रहने दो
न जाने किस गली में ज़िंदगी की शाम हो जाए..!

आदर्श कुमार

॰॰॰

की ,
तुम मेरे शामों का हिस्सा बनोगे,
मेरे बेइंतेहा इश्क़ का किस्सा बनोगे..!

आदर्श कुमार

॰॰॰

तेरी आंखो में छुपी उदासी मुझे साफ दिखाई देती है,
जो तू कहती है ना ठीक हूं में,
इसमें भी खुद्दारी तेरी साफ दिखाई देती है...!
आदर्श कुमार

॰॰॰

अल्फाज़ मेरे

सुकून की रात भी नहीं जिंदगी में,
ख्वाहिशों को सुलाओ तो यादें जाग जातीं हैं...!
आदर्श कुमार

❦❦❦

कितना अच्छा होता ना कि मेरे खयालों से गुज़र गए होते तुम
ये रात दिन सताने से अच्छा मेरे बाहों में आके मर गए होते तुम...!

आदर्श कुमार

""

❦❦❦

मेरे खयालों से गुजरते लम्हों का सिकायत है तू
मेरे मोहब्बत का एक आखिरी इबादत है तू..!

आदर्श कुमार

❦❦❦

गुफ्तगू का दायरा बढ़ाते जा रहे हो
आजकल तुम थोड़ा करीब आते जा रहे हो..!

आदर्श कुमार

☙☙☙

वो हर जगह से ठुकराया गया है ,
यार देखो ना ,
कितना सताया गया है..!

आदर्श कुमार

☙☙☙

कागज पर लिखी हैं तो कहानियाँ ही कहलाएंगी,
जो जी पाते तो ज़िंदगी न हो जाती...!
आदर्श कुमार

☙☙☙

गजब है मेरे दिल मे तेरा वजूद ,
मैं खुद से दूर , तू मुझ में मौजूद ...!
आर्दश कुमार

☙☙☙

अल्फाज़ मेरे

किस्तों में जिंदगी जीता गया मैं
इश्क शहर से था
किताबों से इश्क करता गया मैं
के
किस्तों में जिंदगी जीता गया मैं।
आदर्श कुमार

खयालों में उसके
कई शाम गवाएं है मैंने
उसकी मौजूदगी ना सही
नाम कमाया है मैंने।
आदर्श कुमार

न बात हुई न ऐतबार किया
न जिक्र किया न इजहार किया
सजदे किए इंतजार किया
तुझे छुआ नहीं पर प्यार किया
आदर्श कुमार

मुस्कुराने की आदत भी कितनी महंगी पड़ी हमें...
छोड़ गया वो ये सोच कर कि हम जुदाई में भी खुश हैं !

आदर्श कुमार

आदर्श कुमार

❦❦❦

राज मोहब्बत के अब छुपाने लगे हो तुम
इस इश्क के वादे से अब दूर जाने लगे हो तुम..!
आदर्श कुमार

❦❦❦

राज आंखों से कह रहे हो
ये ख़ामोश होठ गुस्ताखियां करने से डर तो नहीं रहा..!
आदर्श कुमार

❦❦❦

मुझे लगता है कि तुम मेरे हो
मगर मेरे नहीं हो तुम
शायद
किसी अजनबी के दिल की शहर हो तुम..!
आदर्श कुमार

❦❦❦

ख़ुद से रूबरू भी अब हो गए हो,
क्या अब उसे भूल पाओग
तुम तो वाकिफ़ ही थे ना उसके इरादों से

अल्फ़ाज़ मेरे

फिर
उसे भूल जाने की वजह किसी को बता पाओगे..!

आदर्श कुमार

☙☙☙

सवालों से जवाबों तक
ख़्वाबों से ख्यालों तक,
तुम्हारे आने से तुम्हारे जाने तक
एक आम लड़का होने से शायर होने तक,
पहलू में सिर्फ तुम ही तुम थे...!
आदर्श कुमार

☙☙☙

खुद की पहचान हो तुम,
हां,हो सकता है
अभी कुछ लोगो के लिए अनजान हो तुम
पर फिर भी खुद की एक अलग पहचान हो तुम !

आदर्श कुमार

☙☙☙

खूबसूरत है शमा ,
नीचे जमी ऊपर आशमा,

गर साथ तुम भी होते ,
तो और भी खूबसूरत लगता ये जहां ।
आदर्श कुमार

इंतज़ार कब तक तेरा करता रहूं,
मुझे बस इतना बता दे कब तुझसे यूहीं एकतरफा प्यार करता रहूं।

आदर्श कुमार

ये जो तुम तुम मेरी हर गलती पे मुस्कुरा देते हो,
इस हंसी के पीछे अपनी गलती क्यूं छुपा लेते हो...!
आदर्श कुमार

वो हमारे हादसो का कुछ इस तरह अक्स लिखता है।
गज़ल में मेरा नाम छुपाकर "इक शख्स" लिखता है।
आदर्श कुमार

अल्फाज़ मेरे

तुम मेरी शायरी की
एक खूबसूरत लफ़्ज़ हो
जिसके बिना मेरी शायरी अधूरी है।

आदर्श कुमार

꧁꧂

मुस्कान की खामोशियां सवाल हज़ार करती हैं
ज़िन्दगी की जद्दोजेहद में
ये कई ख़्वाब बेज़ार करती हैं
के ये मुस्कान की खामोशियां सवाल हज़ार करती हैं..!
आदर्श कुमार

꧁꧂

<u>साथ यही तक था</u>
नहीं मंज़िल दूर है अभी तो
लेकिन हमारा साथ यही तक था ,
ज़िन्दगी अभी पहेलिओ से उलझी हुई है
ख्वाब पूरे हो तो कहीं सुलझे
पाना ,खोना ये सब तो सफर की हकीकत का एक हिस्सा
है
इस पाने खोने के दरमियान
हम खुद के कितने हुए ये मायने रखता हैं .
सफर के तमाम मुश्किलों का हल निकलते निकलते
शायद थक गया है ये मुसाफ़िर
कई खूबशूरत हमसफर यादों के साथ
पीछे छूट ते गए

आदर्श कुमार

ये सफर बस अपनी हकीकत पे चलता रहा। ..
मंज़िल अभी भी उतनी ही दूर थी
की ये सफर बस चलता रहा। .
आदर्श कुमार

☙☙☙

पूरे दिन रात सा अहसास था,
इक चांद जो मेरे पास था....!
आदर्श कुमार

☙☙☙

ज़िन्दगी के पन्ने कोड़े ही अच्छे थे
तुमने सपनो की श्याही भिखेर इसे दाग दाग कर दिया।
आदर्श कुमार

☙☙☙

मुमकिन नहीं हर वक़्त मेहरबां रहे ज़िन्दगी
कुछ लम्हे जीने का तरीक़ा भी सीखाते है..
आदर्श कुमार

☙☙☙

ज़रा-ज़रा सी बात पर तकरार करने लगे हो,
लगता है तुम मुझसे बेइंतिहा प्यार करने लगे हो..!
आदर्श कुमार

☙☙☙

यूं इतने पास होकर भी वो दूर हैं

अल्फ़ाज़ मेरे

ना जाने किस बात से वो मजबूर हैं..!
आदर्श कुमार

॰॰॰

अंदाज़ अपना देखते हैं आइने में वो
और ये भी देखते हैं कोई देखता न हो
आदर्श कुमार

॰॰॰

आरज़ू है गर आसमान छूने की
समंदर से तो इश्क़ निभाओगे ना,
अफसाने तुम्हारे इश्क़ के भी लिखे जाएंगे,
जो एक दफा तुम अल्फ़ाज़ - ए- आतिशी में डूब जाओगे.!
आदर्श कुमार

॰॰॰

समंदर जैसे तो तुम ख़्वाब देखते हो,
कश्ती टूट जाएगी
फ़िर
ऐसे ख़्याल क्यों रखना..?
आदर्श कुमार

॰॰॰

रंजिश ही सही दिल को दुखाने के लिए
एक बार तू फिर आजा छोर के जाने के लिए सही..!
आदर्श कुमार

॰॰॰

लिख तो रहे है हम कहानी अपनी
मगर किरदार थोड़े बदल दिए है,
ये जो ज़िन्दगी थोड़ी अच्छी हुई है
इस ज़िन्दगी के हक़दार थोड़े बदल दिए है...!
आदर्श कुमार

तेरे नाम से ही रौशन है ज़िंदगानी मेरी
तुम हो ,
तो बहोत खूबशूरत है
ये अधूरी कहानी मेरी।
आदर्श कुमार

ये जो शहर में हमारे अधूरे किस्सों के चर्चे हैं
क्यों न इसे पूरा कर लें....
ये जो मन में हमारे अधुरे ख्वाब के ख्याल हैं
क्यों न इसे पूरा कर लें
ये जो कुछ हमारी अधूरी मुलाकातें हुई हैं
क्यों न इसे पूरा के लें
ये जो तुम और मैं अधुरे से हैं
क्यों न हम दोनों मिलकर खुद को पूरा कर लें.....!
आदर्श कुमार

लिख तो रहे है हम कहानी अपनी

मगर किरदार थोड़े बदल दिए है,
ये जो ज़िन्दगी थोड़ी अच्छी हुई है
इस ज़िन्दगी के हक़दार थोड़े बदल दिए है...!
आदर्श कुमार

❦❦❦

छुपे - छुपे से रहते हैं, सरेआम नहीं
होते
कुछ रिश्ते सिर्फ एहसास हैं, उनके
नाम नहीं होते !!!
आदर्श कुमार

❦❦❦

सुनो....
फासले तो तुमसे हैं मगर.. इतने भी नहीं कि,,,
ख़्वाब में बुलाऊ और तुम ना आओ....!!
आदर्श कुमार

❦❦❦

मेरे हर शब्द की खूबसूरती तुमसे है,
बस एक बार पढकर मुस्करा जाना..!!
आदर्श कुमार

❦❦❦

तसल्ली से पढ़ा होता... तो समझ मैं आ जाते हम,
कुछ पन्ने बिन पढ़े ही पलट दिये तुम ने...!
आदर्श कुमार

इधर उधर से ना रोज यूँ तोड़िये हमको..!!
अगर हम खराब बहुत हैं तो छोड़िये हमको..!
आदर्श कुमार

अंदाज़ अपना देखते हैं आइने में वो
और ये भी देखते हैं कोई देखता न हो!
आदर्श कुमार

मैं एक लम्हा हूँ

मैं एक लम्हा हूं
वक़्त के साथ गुज़र जाऊंगा,
 हां ,पर एक वादा है
हज़ार चेहरों पे मुस्कान छोर जाऊंगा,
 ज़िन्दगी जब उलझ जाएगी
मैं खुद सुलझ जाऊंगा,
 तुमने मुझे जाना नहीं है अभितक
ज़िन्दगी जीने के लिए मौत से भी लड़ जाऊंगा,
 किसी अजनबी के लिए
हमेशा एक मुस्कुराता चेहरा लेकर आऊंगा,
 ख़ैर जाने दो इन बातों को....,
 मैं एक लम्हा हूं
वक़्त के साथ वक़्त सा ही गुज़र जाऊंगा...!
 आदर्श कुमार

www.ingramcontent.com/pod-product-compliance
Lightning Source LLC
LaVergne TN
LVHW041546060526
838200LV00037B/1169
9781639207077